REIN IN
DIE POWER!

DEIN PERSÖNLICHES MOTIVATIONS-BÜCHLEIN
VON KATHLEEN DE SIENA, DIPL. KINESIOLOGIN
UND GESUNDHEITS-COACH

WWW.REIN-IN-DIE-POWER.COM

Bibliografische Information der Deutschen Nationalbibliothek: Die
Deutsche Nationalbibliothek verzeichnet diese Publikation in der
Deutschen Nationalbibliografie; detaillierte bibliografische Daten
sind im Internet über dnb.dnb.de abrufbar.7

© 2019 Kathleen De Siena
Herstellung und Verlag: BoD – Books on Demand, Norderstedt

ISBN: 9783749465606

ÜBER DIE AUTORIN

Geboren 1957 in Zürich, lebt Kathleen De Siena heute in der Nähe von Bremgarten und arbeitet seit 1991 in eigener Praxis für Kinesiologie als Burnout Expertin in Urdorf.

Nach dem Romanistik Studium an der Universität Zürich unterrichtet sie Französisch am Gymnasium und ist Dozentin am Real- und Oberschulseminar. 1991 macht sich die frisch diplomierte Kinesiologin selbständig, trennt sich von ihrem Ehemann und zieht mit den zwei Kindern (5 und 1 Jahr) aus der gemeinsamen Wohnung aus.
Die Dauerbelastung als selbständige, alleinerziehende Mama mit zwei kleinen Kindern zehrt täglich an der Substanz und bringt die Powerfrau, die mit Freude und Engagement ihren Beruf ausübt, schon bald an die Grenze eines ersten Burnouts.
Die Coaching Ausbildung auf Ibiza 2011 ist ein zentraler Wendepunkt. Das Inselleben bringt die Multitasking-Frau zurück in die Lebensfreude und in ihre Kraft. So wird die Kinesiologin dank konstanter Weiterbildung und Eigenerfahrung zur Expertin für Burnout und Chronische Erschöpfung.

Heute ist Kathleen's Ressourcen-Training für chronisch erschöpfte Frauen ein Turning Point im Leben jeder Klientin. Die geniale Verbindung von emotionalem Stressabbau (Traumas, Mobbing, Beziehung), Ernährungs-Umstellung (Entschlackung durch sauer-stoffreiches, basisches Wasser, Energie spendende Nahrung), Stärkung des Immunsystems (Organe, Energieaufbau, Gehirn-training) und wertschätzender Kommunikation bringt wieder Power, Freude und Leichtigkeit ins Leben ihrer Klientinnen.

TESTIMONIALS

"Ich bin von Herzen dankbar für Kathleen's liebevolle und kompetente Unterstützung in einer schwierigen Zeit. Meine Verlustängste, wegen der Trennung von meinem Mann, haben mich in tiefe Trauer und in eine schwere Erschöpfungs-Depression versetzt. Die Angstzustände waren kaum zu bewältigen, ich konnte nicht mehr Auto fahren, hatte keinen Lebensmut und keine Kraft mehr.
Nach dem Ressourcen Programm mit Kathleen war ich wie neu geboren. Ich strahlte wieder, war voller Power und Lebensfreude. Durch meine neue Ausstrahlung und mein Selbstbewusstsein fühlte sich mein Mann wieder sehr angezogen. Er kam zurück zu mir und unseren Jungs. Einfach genial! Dank des Trainings für wertschätzende Kommunikation führen wir heute sehr schöne Gespräche und sind total happy."

Karin S.

"Wegen Mobbing am Arbeitsplatz hatte ich Panikattacken, Konzentrationsstörungen und wurde depressiv. Die Selbstzweifel wurden täglich schlimmer und ich traute mir nichts mehr zu. Ich fühlte mich klein und hilflos, hatte dauernd Heulkrisen und mein Partner zog sich mehr und mehr zurück.
Dank Kathleen's Ressourcen Programm bekam ich in kürzester Zeit 3 neue Jobangebote, habe gewählt und zugesagt.
Ich bin total begeistert von der neuen Arbeit und vom Team. Ich bekomme viel Lob und Anerkennung. Die Vorbereitung durch wertschätzende Kommunikation mit Kathleen hat mein Selbstwertgefühl gestärkt und ich trete jetzt selbstsicher auf . Die emotionalen Blockaden und die Ängste sind weg, auch in der Beziehung läuft es wieder super. Ich bin wie verwandelt und sehr dankbar."

Sabrina E.

LIEBE POWERFRAU

Gehörst du zu der sensitiven weiblichen Spezies, die sich erst dann richtig wohl fühlt, wenn alle happy sind? Hast du deinen Liebsten alles gegeben, deine Bedürfnisse zurück gestellt und es verpasst, Grenzen zu setzen?
Dann hast du super Chancen, chronische Erschöpfung und Panikattacken in dein Leben zu ziehen. Plötzlich ist die schier endlose Power weg und dein Leben ausser Kontrolle.

Schluss mit der Multitasking-Powerfrau, die eben noch alles im Griff hatte! Du fühlst dich ohnmächtig und verloren, ja die Welt da draußen macht dir Angst. Kann es sein, dass dein inneres Kind im täglichen Kampf ums Überleben auf der Strecke geblieben ist? Höchste Zeit für dich, deine Kleine an die Hand zu nehmen und ihr zu sagen, wie wichtig sie für dich ist.

Sie braucht Zeit. Deine Zeit.

Es kann dauern, bis sie dir vertraut. Sie ist traurig und trotzig, hat Angst, nicht geliebt zu werden. Die Power Tools befreien dich und deine Kleine aus der inneren Erstarrung, bringen euch mit liebevollen Anstupsern und kreativen Spielen in Bewegung.
Sie helfen der Powerfrau, die Verbindung zu ihrer verspielten, frechen und liebenswerten Göre wieder herzustellen.
Gemeinsam seid ihr ein geniales Team und ihr werdet noch viel bewegen!

ZU DEN ÜBUNGEN

Wer schon einmal mit Chronischer Erschöpfung, Burnout und Panikattacken konfrontiert war, der kennt das Gefühl von Ohnmacht, Selbstzweifeln und Einsamkeit, das mit solchen Phasen einhergeht.

Der Heilungsprozess ist schleichend und oft stellt sich auch nach längerer Auszeit, einem Klinik-Aufenthalt und unter-stützenden Therapien keine nachhaltige Besserung ein. Die Lebensqualität ist eingeschränkt, die Beziehungen leiden, du fühlst dich gefangen und drehst dich im Kreis. Diese Hilflosigkeit nagt an deiner Würde und du fragst dich, ob du da je wieder raus kommst.

Die Übungen in diesem Büchlein sind eine Auswahl aus Kathleen De Siena's Zauberkiste, gesammelt in langjähriger Erfahrung als Kinesiologin und selbst betroffene Burnout Meisterin. Eine abwechslungsreiche Mischung aus Energie-Übungen, Stressabbau-Techniken und kreativen Spielen, die dich aus der Blockade wieder in die Aktion bringen. Das Büchlein soll dir als Hilfe und Motivation im Alltag dienen, damit du durch Verbindung, Konzentration und sinnvolles Handeln wieder in Bewegung kommst.

Auf Kathleen De Siena's Youtube Kanal findest du Videos zu den einzelnen Übungen.

Hier klicken und deinen Platz im kostenfreien Ressourcen-Webinar reservieren:

www.rein-in-die-power.com

1. ES WERDE LICHT

Kommt dir deine Welt manchmal grau und leer vor, obwohl draußen die Sonne scheint?
Besorg dir eine Mini-Taschenlampe, am besten in Kugelschreiber-Form. Halte das Licht auf dein drittes Auge, in der Mitte der Stirn, etwas oberhalb der Augenbrauen.

Schließ deine Augen und atme entspannt. Fühl die Wärme und das Licht hinter deiner Stirn und stell dir dabei eine weitere Lichtquelle in deinem Herzen vor. 1-3 Minuten täglich.

2. HEUTE GEHT GAR NIX!

Fühlst du dich erschöpft und ärgerst dich
über dich selber, weil du schon wieder total
fertig bist? Vielleicht hast du ja dem Regen
zugehört und dir die Decke über den Kopf
gezogen. Du bist aufgestanden und hast
dieses Büchlein geholt. Ist das etwa
NICHTS?
Gibt es etwas in deiner Wohnung, das dich
schon lange nervt? Eine Vase, die dir im
Weg steht, die Kiste, über die du täglich
stolperst, etwas, das in 3 Minuten erledigt
ist? Bring es in Ordnung, klatsch in die
Hände und sag dreimal laut:

Ich bin in Ordnung!
Ich bin in Ordnung!
Ich bin in Ordnung!

3. SIMULTAN ZEICHNEN

Probleme mit der Konzentration? Stell dir auf deiner Körper-Mittellinie einen Spiegel vor.
Zeichne mit den Händen Formen in die Luft. Wechsle ab zwischen runden und geraden Linien. Hoch, runter, mit unterschiedlicher Geschwindigkeit und immer spiegelbildlich. Musik verleiht den Bewegungen Schwung und du dirigierst jetzt dein Orchester.

Variation: Kleb ein Blatt Papier auf den Tisch. Zeichne spiegelbildlich mit Wachsstiften, nimm unterschiedliche Farben rechts und links. Viel Spaß!

4. ICH BIN COOL

Du kannst es nicht fassen, dass deine Multitasking-Powerfrau einfach so lahm gelegt ist. Die Kämpferin hat Pause!

Hör auf, gegen dich selbst zu kämpfen und setz deine Messlatte tiefer. Finde jeden Tag eine Tätigkeit, die du sonst für selbstverständlich hältst und schreib sie mit einer Anerkennung auf :

"Ich erkenne mich dafür an, dass ich heute zweimal auf's Klo gegangen bin."

Dann liest du dir den Satz dreimal laut vor und klatschst in die Hände.

5. UM HILFE BITTEN

Hast du manchmal das Gefühl, eine Last zu sein für deine Umgebung? Auch wenn es dir schwer fällt, um Hilfe zu bitten, tu es einfach!!! So geht's leichter:

Ruf die Person an, von der du unterstützt werden möchtest, oder frag sie direkt:

"Ich brauche deine Hilfe, hast du Zeit für mich?"

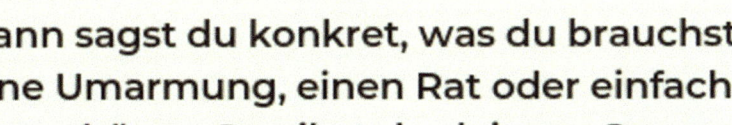

Dann sagst du konkret, was du brauchst: Eine Umarmung, einen Rat oder einfach nur zuhören. So gibst du deinem Gegenüber eine Wahl.

MEINE WÜNSCHE

6. MEINE WELT IST BUNT

Besorg dir Buntstifte und mal das Bild auf der nächsten Seite aus.

Genieß es, Details zu beachten und die kleinen Dinge zu schätzen. Lass dir viel Zeit.

Male jeden Tag ein wenig und freu dich an den Fortschritten. Fertige eigene Vorlagen an, auf Grußkarten. Verschick sie an Menschen, die dich unterstützen, mit einem:

"Danke, dass du für mich da bist."

7. ICH BIN GUT GENUG

Fühlst du dich manchmal nutzlos, weil du vieles, was vorher leicht war, nicht mehr auf die Reihe kriegst?
Halte die Daumen auf den Ringfinger, Mittel- und Zeigefinger führst du zur Stirn. Berühre die Punkte zwischen Augenbrauen und Haaransatz leicht, wie eine Feder und atme entspannt.
Nun rotierst du in Zeitlupe mit den Augen im Kreis. Zweimal im Uhrzeigersinn, dann zweimal in die andere Richtung. Dabei sagst du laut:

Ich bin gut genug
Ich bin gut genug
Ich bin gut genug

8. ICH WILL NICHT!

Du bist dir schon wieder nicht treu gewesen! Dabei wusstest du genau, dass dir der Besuch deiner Mutter wieder Energie raubt.
"Sie meint es doch nur gut," hast du dir gesagt und jetzt ärgerst du dich, weil du nicht NEIN gesagt hast.

Leg dich auf den Boden, die Beine angewinkelt. Stell dir eine Situation vor, in der du JA gesagt hast, obwohl ein NEIN fühltest. Atme tief ein und während du laut NEIIIIN! schreist, strampelst du und hämmerst wild mit Händen und Füßen auf den Boden. 2-3 Minuten.

9. RAUS AUS DEN 4 WÄNDEN

Am besten, du gehst in den Wald oder in den Park. Finde einen Baum, der dich anzieht. Nimm dir Zeit, bis du den richtigen gefunden hast.
Nun lehnst du dich mit dem Rücken an den Stamm, fühlst die Rinde mit den Händen und lässt aus deinen Fußsohlen imaginäre Wurzeln wachsen.
Beim Ausatmen drückst du deinen Rücken leicht gegen den Stamm.

Dehn deine Spaziergänge immer weiter aus und spür die Kraft der Bäume.

DAS MAG ICH AN MIR

10. WERTSCHÄTZUNG

Hast du einen Partner, eine Freundin, eine Mutter, die deine Heulattacken, deine Sorgen und Ängste mit dir teilen? Diese Menschen fühlen sich oft genau so hilflos wie du. Ruf sie an oder noch besser, sag es direkt:
"Was ich dir noch sagen wollte, es hat unglaublich gut getan, dass du mir gestern zugehört und mich in den Arm genommen hast. Danke."

Dann atmest du aus und schweigst.

11. DAMPF ABLASSEN

Beide Hände ruhen auf deinem Bauch. Atme tief durch die Nase ein und füll einen imaginären Ballon mit Luft, bis er beinahe platzt. Press jetzt die Luft durch den Mund heraus mit einem Ohhhhhh …
Wenn du glaubst, alles ist raus, atme noch mehr aus, bis der Reflex zum einatmen von selbst kommt. Mach es liegend, stehend oder sitzend.

Variation: Leg deine Hände auf die Ohren und schliess die Augen. Wiederhole die Übung oben. Beim Ausatmen summst du, der Mund bleibt geschlossen. Werde immer lauter.

12. NEBEL IM KOPF

Eine endlose To-Do-Liste wartet auf dich, doch dein Kopf ist wie benebelt. Du fühlst dich verwirrt, kommst nicht voran und bist total frustriert.
Finde Trommel-Musik und mach sie laut. Stell dir vor, du wärst ein Hund, der trief-naß aus der Wanne kommt und sich schüttelt, dass das Wasser auf alle Seiten spritzt! Du hüpfst durch die Wohnung und schüttelst jeden Körperteil einzeln aus.

Variation: Stell dir vor, du wärst ein Monster, stampfst auf den Boden, schneidest Grimmassen und machst wilde Laute.

13. WO WAR DAS NOCH GLEICH?

Heute kein Bock, um raus zu gehen? Das wäre ja gelacht. Raus mit dir! Egal, ob es regnet, schneit oder ob die Sonne scheint. Du ziehst dich an, nimmst einen Stift und Papier mit und los geht's!
Gib dir 30 Minuten Zeit, um draußen nach der Farbe rot zu suchen. Notiere jeden roten Gegenstand, der dir auffällt. Nach einer halben Stunde gehst du wieder rein.

Wie viele der roten Dinge kannst du auswendig aufschreiben? Wo hast du sie gesehen? Vergleiche mit deinem Zettel. Viel Spaß!

14. KÖRPER-ANTENNEN

Du möchtest besser auf die Stimme deines Körpers achten? Schalte deine Antennen an! Dazu massierst du beidseitig die Ohrränder mit Daumen und Zeigefinger.
3-5 mal, mit leichtem Druck von oben nach unten. Schließ dazu die Augen, fühl die Wärme, die entsteht und hör deinem Atem zu.
Jetzt klopfst du mit den Fingerkuppen auf der Schädelnaht hinter den Ohren rauf und runter. Die Augen rotieren langsam im Uhrzeiger- und Gegenuhrzeigersinn. Dazu sagst du laut:

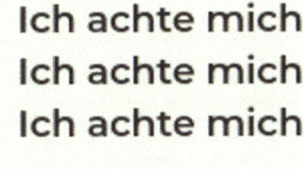

Ich achte mich
Ich achte mich
Ich achte mich

15. ENERGIE-RÄUBER

Jetzt geht's an's Eingemachte! Wo willst du starten? Kühlschrank, Eisfach, Küchen-schrank oder Schublade mit Süßigkeiten? Trenne deine Vorräte in zwei Bereiche:

A = Zuckerfrei, Weizenfrei, Laktosefrei, Frischkost
B = Zuckerhaltig, Weizen-, Milch-, Fertigprodukte

Putz Kühlschrank und Schränke sauber, behalte die Trennung in A und B bei.
Kauf Gemüse, Salat und Früchte in Zukunft direkt beim Bauern oder auf dem Markt.
Verzichte mehr und mehr auf die B Produkte.

80% A und 20% B kommen in deinen Körper, der Rest bleibt draußen!

16. ALLES KLAR?

Heute notierst du genau, welche Flüssig-
keiten du während 24 Stunden zu dir
nimmst und wie viel:

A = stilles Wasser
B= Kaffee, Tee, Softdrinks, Wasser mit
Kohlensäure, Fruchtsäfte, Alkohol

Berechne den Anteil stilles Wasser im
Verhältnis zum Rest. Verringere B und
bevorzuge A (2 Liter/Tag).
Verwöhn deine Zellen idealerweise mit
sauberem, basischem und ionisiertem
Wasser. Damit hilfst du deinem Körper,
schnell zu entgiften und die Vitalstoffe,
die er dringend braucht, aufzunehmen.

BITTE VERSCHON MICH MIT

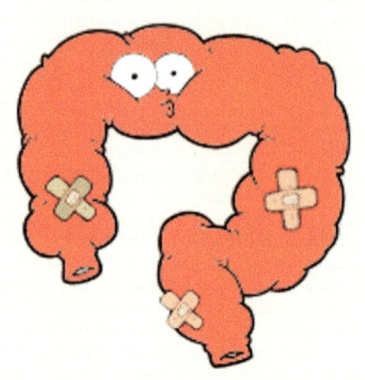

DRUCK
STRESS
ÄRGER
SORGEN
VIEL SITZEN
ZUCKER
EINSAMKEIT
SCHADSTOFFE

ICH BRAUCHE DRINGEND MEHR

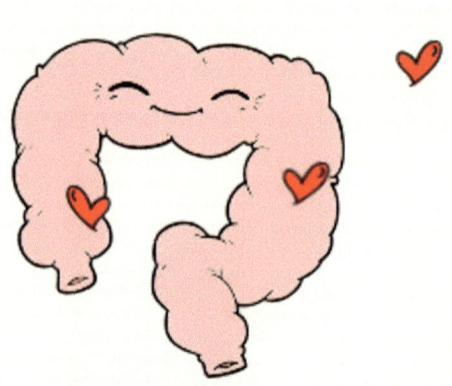

RUHE
FREUDE
SCHLAF
ZEIT
NATUR
BEWEGUNG
SICHERHEIT
VITALSTOFFE

17. ICH BIN NICHT NETT

Für dieses Spiel brauchst du eine Freundin. Sie steht vor dir und sagt:

Sie: Mach mir Frühstück!
Du: Nein.
Sie: Ruf mich an!
Du: Nein.
Sie: Leih mir deinen Wagen.
Du: Nein.

Du erklärst nix und entschuldigst dich nicht! Du sagst nur das Wort: Nein. Unterstütz deine Aussage durch Gesten und probier unterschiedliche Lautstärken aus. Dann tauscht ihr die Rollen. Habt Spaß und gebt euch Feedback.

18. ANGST BEWÄLTIGEN

Du sollst morgen zum Chef und hast Panik vor der Kündigung, weil du nicht voll arbeiten kannst?
Dein Partner hat dich verlassen, das Geld reicht wieder nicht und du hast Angst vor der Zukunft?
Halte die Daumen auf den Ringfinger und klopf mit allen Fingerspitzen die Schädelnaht hinter den Ohren. Rauf und runter, ganz leicht. Die Augen rotieren langsam, zweimal im Uhrzeigersinn und zweimal Im Gegenuhrzeigersinn. Dabei sagst du:

Ich fühle mich sicher
Ich fühle mich sicher
Ich fühle mich sicher

19. EINSCHLAF-SPIEL

Du brauchst 8 bis 10 kleine, nicht transparente Behälter mit Deckel, alle identisch.

Fülle je zwei mit gleichem Inhalt: Linsen, Reis, Sand, Kieselsteine ...
Sei kreativ und achte darauf, dass die Füllmenge bei beiden übereinstimmt.
Kontrolliere mit geschlossenem Deckel, ob das Geräusch beim Schütteln dasselbe ist.

Stell die Behälter auf deinen Nachttisch. Vor dem Einschlafen, oder wenn du in der Nacht aufwachst, suchst du im Dunkeln die Paare, die zusammen gehören.

20. FACE YOGA

Zieh deine Mundwinkel nach oben und lächle. Bleib so während 3 Minuten. Egal, wie doof du dir vorkommst, nicht aufgeben! Stell die Stoppuhr.

Jetzt schmerzt vielleicht der Kiefer, weil du beim Lächeln die Zähne zusammen gebissen hast!
Öffne den Mund ganz weit und schieb den Unterkiefer langsam hin und her, nach vorn, nach hinten.
Streck die Zunge raus, so weit du kannst. Dann massierst du dein Kiefergelenk und gähnst ein paar mal ganz laut. Uaaaaah!

21. VERTRAU MIR

Ruf eine Freundin an und bitte sie um Hilfe. Geht in den Park oder in die Natur. Du schliesst deine Augen und sie nimmt dich bei der Hand.
Es wird nicht gesprochen, die Anweisungen bekommst du über Berührung und Händedruck. Lass dich führen und vertrau dich deiner Führerin an. Sie schaut nun für dich.

Sieht sie etwas sehr Schönes, bleibt sie stehen, fasst dich von hinten bei den Schultern und sagt: "Klick!" Du öffnest die Augen und machst ein Foto: "Klick". Augen zu und weiter geht's. Dann tauscht ihr die Rollen und gebt euch Feedback.

22. WÄRME SPÜREN

Leg deine Hände auf die Oberschenkel und fühl die Wärme, die deine Hand ausstrahlt. Streiche dann langsam hoch und runter.

Jetzt knetest du die Oberschenkel seitlich und rubbelst auf und ab mit den Handflächen, bis sie ganz warm sind. Bedank dich bei deinen Beinen, dass sie dich tragen.

Massiere jetzt deinen Po, bis er wohlig warm ist. Schüttle die Hände aus und reib sie kräftig aneinander. Leg sie auf sie auf deine Nieren und genieß die Wärme.

Zum Schluss hältst du die Fingerkuppen aneinander und atmest ein paar mal hörbar aus.

23. SCHWEIGEN IST GOLD

Du vereinbarst mit deinem Partner, deiner Freundin oder mit deinem Kind eine Schweigezeit von 20-30 Minuten. Stellt die Stoppuhr und kocht zusammen, macht den Abwasch, entrümpelt oder kauft gemeinsam ein.
Zum Start verschliesst ihr die Lippen mit einem symbolischen Reissverschluss. Ab jetzt wird nur noch mit Gesten, Blicken und über Berührung kommuniziert.
Laute sind erlaubt, keine Worte.

Übe mit verschiedenen Menschen, mit unterschiedlichen Schweigezeiten und habt Spaß!

24. WIDERSTAND SPÜREN

Leg dich auf den Boden, die Beine angewinkelt. Atme durch die Nase in den Bauch
hinein und halte kurz den Atem an.
Dann durch den Mund ausatmen, während
du den Rücken in den Boden drückst. Beim
Einatmen löst du den Druck wieder.

Variation: Beim Ausatmen machst du einen
Sound (Ahhh, Ohm) und hältst dir dabei die
Ohren zu. Dann legst du die Arme auf den
Boden und genießt die Entspannung.

25. LICHTMUSTER

Du willst schlafen, doch deine Gedanken kreisen und du kannst das Karussell einfach nicht stoppen. Schau jetzt von innen her auf deine Augenlieder, so als wären sie eine Leinwand.
Da erscheinen jetzt Lichtmuster, die sich bewegen. Sie kommen und gehen, verschieben sich und du bist einfach nur Beobachterin. Ziehen dich die Gedanken wieder in ihren Bann, kehrst du immer wieder zu deiner Leinwand zurück.

Variation: Atme mit einen tiefen Summton aus und drück dabei die Wirbelsäule in die Matratze.

26. HYGGELIG

Hyggelig ist Dänisch und bedeutet glücklich. Schau den Kindern zu und mach es wie sie!

Hüpf von einem Bein auf das andere durch die Wohnung und sing ein Kinderlied dazu. Versuch's mal mit: "Hey Pippi Langstrumpf".

Welche Hüpfspiele hast du als Kind gespielt? Kennst du Gummi-Twist? Häschen in der Grube, Himmel und Hölle?

Kannst du noch auf einem Bein hüpfen? Hüpf einfach los! Im Park, im Wald, über die Wiese. Kümmere dich nicht darum, was andere denken und nimm eine Freundin mit.

Dann macht ihr eine Wette, wer länger hüpfen kann. Hauptsache, ihr habt Spaß!

27. CROSS CRAWL

Willst du deine Lebensgeister wecken und Schwung in den Tag bringen? Stell dich schulterbreit hin und führe die linke Hand zum rechten Knie, dann die rechte Hand zum linken Knie. Zuerst langsam und bewusst, dann immer kraftvoller.

Jetzt schaltest du die Musik an, sie sollte einen beschwingten Rhythmus haben. Mach die Überkreuz-Bewegung zuerst vorn, dann hinten, dann abwechselnd vorn und hinten.

Kommst du am Morgen gar nicht erst raus aus dem Bett? Dann mach das Überkreuzen zuerst liegend. Das stärkt die Bauchmuskulatur.

28. BUNTSTIFTE HER!

29. BLIND ESSEN

Bereite auf einem Teller verschiedene Häppchen vor: Gurke, Tomate, Käse, Schokolade, Wurst. Achte auf unterschiedliche Geschmäcker: salzig, süß, scharf, mild, sauer und verschiedene Konsistenzen.
Schließ jetzt die Augen und iss mit den Fingern. Führe jedes Häppchen einzeln zur Nase und zum Mund. Riech daran, koste es mit Zunge und Gaumen. Findest du heraus, was du isst?

Mehr Spaß macht das blind Essen mit einem Partner oder einer Freundin. Dann füttert ihr euch gegenseitig mit verbundenen Augen, ohne zu wissen, was auf dem Teller ist. Guten Appetit!

30. GEBORGENHEIT

Hast du Angst, ins Bett zu gehen, weil dich Sorgen plagen und du nicht einschlafen kannst?
Sing oder summ ein Schlaflied für dich, für dein inneres Kind.
Sei kreativ, finde Lieder mit Text im Internet und lerne sie auswendig.
Karaoke macht Spaß.
Du kannst auch Wiegenlieder hören.
Wichtig ist jedoch das Mitsummen.
Es beruhigt das Nervensystem und dein inneres Kind.

DU KANNST DAS AUCH

Die westliche Medizin behandelt Panikattacken, Erschöpfung und Schlafstörungen mehrheitlich mit Pillen. Der Arzt schickt dich zum Psychiater, der Psychiater überweist dich in die Klinik. Kurzfristig kann dir das helfen und Sicherheit geben. Langfristig bist du gefangen in der Pillen-Abhängigkeits-Spirale und in der Angst, dein Leben nicht mehr allein zu meistern.

Angst ist selten ein guter Ratgeber, aber wo ist die Alternative? Sie heißt Umdenken und Verantwortung übernehmen. Mut ist eine Fähigkeit des Herzens und bedeutet, dich zu trauen, deine Angst-Barriere zu überwinden. Nichts jedoch ist unbequemer, als die Veränderung deiner Gewohnheiten. Was funktioniert, ist eine klare Entscheidung und jemand, der dich an die Hand nimmt, wenn du allein nicht weiter kommst.

Willst du raus aus der Angstspirale und rein in deine Power? Dann melde dich jetzt zu einem kostenfreien Power-Gespräch mit mir. Hier klicken und deinen Wunschtermin buchen:

https://rein-in-die-power.youcanbook.me